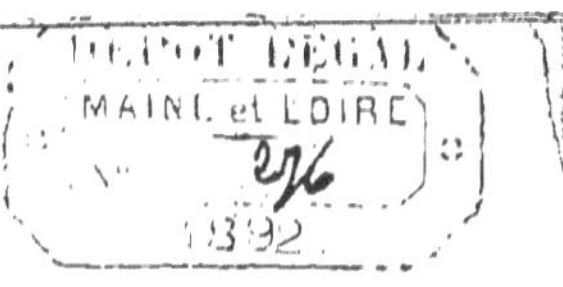

LA MORT

DE

SA GRANDEUR MONSEIGNEUR FREPPEL

ÉVÊQUE D'ANGERS

DÉPUTÉ DU FINISTÈRE

DÉCÉDÉ LE 22 DÉCEMBRE 1891

LA MISSION D'ANGERS

5 Avril 1891

LE SAINT JOUR DE PAQUES

PAR

CAMILLE DE LYS

SE VEND

Au profit des Écoles Chrétiennes

A Angers, à la Librairie LACHÈSE & DOLBEAU

A Paris, à la Librairie Victor PALMÉ

LA MORT

DE

SA GRANDEUR MONSEIGNEUR FREPPEL

ÉVÊQUE D'ANGERS

DÉPUTÉ DU FINISTÈRE

DÉCÉDÉ LE 22 DÉCEMBRE 1891

LA MISSION D'ANGERS

5 Avril 1891

LE SAINT JOUR DE PAQUES

PAR

CAMILLE DE LYS

LA MORT

DE SA GRANDEUR MONSEIGNEUR FREPPEL

22 Décembre 1891.

La nature est en deuil, la terre sans rayons,
Le beffroi teinte au loin ses plus lugubres sons ;
Des crêpes les plus noirs nous avons pris les voiles ;
Le Pontife pieux qui dirigeait les voiles
De la nef en danger, du grand vaisseau chrétien,
Est mort ! morte sa voix de lumière et d'airain,
Qui frappait bien et haut ! pleine d'ardeur, de flammes,
Pénétrait les esprits, illuminait les âmes !

Il est mort, il est mort ! et mort au champ d'honneur [1],
L'illustre et saint Prélat que chantait notre cœur.
Mort foudroyé, debout ! en chêne magnifique !
Le peuple de l'Anjou, le monde catholique,

[1] Ce vaillant soldat du Christ défendait avec ardeur au Parlement la liberté religieuse l'avant-veille de sa mort, et la veille, hélas ! il armait les conscrits du sacerdoce, c'est-à-dire faisait l'ordination de ses prêtres, cela malgré ses médecins qui l'avaient averti qu'il paierait cette imprudence de sa vie : J'irai plutôt sur les genoux, dit-il, mais je ferai mon devoir.

Les principales feuilles de la capitale et de province ont annoncé les deux poésies de Camille de Lys, *La Mort de Mgr Freppel* et *la Mission d'Angers*; tous l'ayant à peu près fait dans les mêmes appréciations. nous ne citerons que les extraits suivants, notamment celui de l'*Union de l'Ouest*, qui ouvrit toujours avec tant de bienveillance ses colonnes aux œuvres de Camille de Lys, de l'*Union de l'Ouest*, ce brillant et vaillant journal, organe monarchique qui défendit pendant cinquante ans avec ardeur, talent et éloquence, la cause royaliste et chrétienne, et dont chacun déplore et regrette la disparition.

Tout l'univers chrétien, dans la douleur plongé,
Jette des cris au ciel, ciel d'orage chargé,
Les cris profonds, vibrants d'une détresse immense !
Ainsi fait-on dans l'aire, en la désespérance,
Quand meurt l'aigle, ce roi des airs et du soleil !

Du Pontife endormi quand sera le réveil ?
Qui le commandera ? le Dieu de la puissance !
Mais le jour en est loin... il faut de la vaillance
Aux esprits en alarme, il faut sécher nos pleurs,
Apaiser, affermir, rasséréner nos cœurs ;
Mettre au pied du Seigneur notre âme inconsolable ;

Le *Soleil*, 1892 : Il va paraître *La Mort de Mgr Freppel* et *la Mission d'Angers*, deux poèmes remarquables, à large facture, de Camille de Lys, poète vaillant et chrétien. — Autre : Nous sommes heureux de signaler à nos lecteurs deux poèmes de Camille de Lys, *La Mort de Mgr Freppel* et *la Mission d'Angers*, qui vont paraître sous peu ; ces poèmes égalent leurs devanciers, mêmes beaux vers, même hauteur de pensées,. Dans *La Mort de Mgr Freppel* la grande douleur a son cri juste et poignant, la pensée chrétienne sa force, sa consolation, sa douceur ; c'est enfin un chant mâle et inspiré digne du grand Evêque que nous regrettons et pleurons. Quant à *la Mission d'Angers*, elle est peinte avec vérité et grandeur ; c'est un tableau que l'œil et l'âme suivent avec un intérêt puissant, un respect attendri et religieux, qui doit inspirer la foi et la prière. Dans l'un et l'autre de ces poèmes, l'auteur. fait, comme toujours, preuve d'un réel talent ; comme dans toutes ses œuvres, on y sent parler son cœur profondément chrétien. — Les deux poèmes se vendent au profit des Écoles chrétiennes.

L'*Union de l'Ouest*, décembre 1891 : On apprendra avec plaisir que Camille de Lys va faire paraître une poésie dans laquelle, en vers sonores et vibrants, il célèbre et dépeint la Mission qui, donnée à Angers en 1891, a laissé de si profonds souvenirs, comme un des grands actes de l'épiscopat de Mgr Freppel. La mort soudaine de l'évêque d'Angers devait aussi ébranler l'âme de Camille de Lys, ouverte à toutes les grandes admirations. — La mort de Mgr Freppel est annoncée et pleurée par Camille de Lys dans une poésie vraiment inspirée par la douleur chrétienne, qui sait qu'elle a la consolation de la Foi et de l'Espérance.

Sous cette perte immense, atroce, irréparable,
Qui frappe un peuple entier, il ne faut pas faiblir.
Quand Dieu commande, tous nous devons obéir !
Au Prélat dans sa tombe, il faut rester fidèle,
Dans sa foi, ses vertus le prendre pour modèle,
Rappeler et garder ses hauts enseignements ;
Marcher à ses soleils, ses phares éclatants !

Pour lui, Prélat sacré, génie incomparable,
Grand, sublime, chrétien, patriote admirable :
Royaliste fervent ; brave et fier combattant ;
Sur la brèche toujours, et sur elle mourant !
Il a sa récompense, une pure victoire !
Sur son front resplendit la couronne de gloire !

23 Décembre 1891.

On s'occupe à cette heure, en un pieux accord,
Des devoirs, des honneurs qu'on doit rendre au grand mort !
A ce chef glorieux qu'enflammaient les batailles ;
Magnifiques seront, hélas ! ses funérailles :
Sa royauté le veut et commande toujours !
Superbes en leur pompe, immense en leur concours.

Riches et pauvres, tous veulent voir son visage,
L'accompagner sur terre en son dernier voyage !

Son corps est embaumé, paré des ornements
Sacrés, pontificaux, superbes vêtements,
Mitre, crosse, croix d'or, anneau de diamants.

Demain vivant encor, respirant le génie,
La force, la bonté, l'ardeur et l'énergie,
L'Évêque vénéré, plein de mâle fierté,
Tout son être royal empreint de majesté !
Haut placé sur un lit, dans la chapelle ardente,
Ou sur le char semé de l'abeille éclatante,
— « *Sponte favos œgre specula !* miel, ardeur.
Grand amour de l'essaim, aiguillon défenseur », —
Parcourant la cité, la main toujours vaillante
Courbera, bénira la foule frémissante !

Cette foule, plus tard, ira sur son tombeau
Où le divin génie allumant son flambeau,
Jettera l'éclat pur de son rayon si beau !
Où viendra l'éblouir, superbe de lumière,
L'image du Prélat, image auguste et fière,
Commandant le respect, inspirant la prière !

Ira s'agenouiller, prier... les yeux en pleurs
Couvrir le froid granit des plus brillantes fleurs,
Du saint baiser l'anneau, le cœur plein de ferveurs.

La foule encore ira prier dans le saint lieu,
Où sera mis le cœur de l'Évêque de Dieu !
Au-dessus de la tombe où dort en paix sa mère,
Il le voulut ainsi ! Sa mère sainte et fière,
Son culte après Dieu même, et son plus tendre amour,
Jamais fils plus pieux, plus aimant n'eut le jour ;
Notre ville d'Angers, ville religieuse,
Gardera ces dépôts, dont elle est glorieuse,

Jusqu'à l'heure où l'Alsace, ayant séché ses pleurs,
Rendue à notre France, après tant de douleurs,
Les recevra tous deux, en les couvrant de fleurs !

Car la gloire du fils rejaillit sur la mère !

Ainsi du grand Évêque, âme tendre et sévère,
Se seront accomplis vœux, prière dernière !

Prélat, fils de lumière [1], adieu ; ton nom luira
En honneur dans l'histoire, et toujours grandira !
Eclairera le monde, il porte en lui la vie !
Rappelle de ta voix l'éloquence bénie,
Ta vaillance pour Dieu, l'Eglise et la Patrie !

Pontife saint, adieu ; sur terre comme au ciel,
Ton nom plane immortel !

CAMILLE DE LYS.

Angers, décembre 1891.

[1] Fils de lumière : Sainte Odille, patronne d'Obernay, lieu de naissance de Mgr Freppel, et surnommée fille de lumière, dut jeter un de ses rayons sur le berceau de l'enfant devenu grand évêque : quoi qu'il en soit, lui aussi mérite cette appellation : Fils de lumière.

LA MISSION D'ANGERS

5 Avril 1891

LE SAINT JOUR DE PAQUES

On m'invite à chanter la gloire de ce jour !
Elle est indescriptible... et plonge tour à tour
Dans l'admiration et le profond silence.
J'obéis en tremblant, car je suis sans science :
Sursum corda, mon cœur ! va jusqu'au ciel immense !
Lui seul peut suppléer à mon insuffisance !

Cloches et gros bourdon élancent dans les airs
Leur vibrante volée ; et leurs chants vifs et clairs
Sont des chants de triomphe, et d'amour et de gloire,
Des hymnes de victoire !

L'antique ville, Angers, digne de ses aïeux,
Proclame haut sa foi ! Dans ce jour radieux,
Eclatant de soleil, terre et ciel sont en fête !

Tout son peuple chrétien marche, la Croix en tête !
Croix de la Mission, aux bras fiers des vaillants,
Nobles, simples bourgeois, paysans, artisans,
Hommes de grande foi, cyrénéens sans crainte,
Tous ont brigué l'honneur de porter la Croix sainte,
De Saint-Maurice au Tertre ; et ce faix d'un grands poids
A leur corps est léger et doux tout à la fois.
Ils marchent en chantant, gravissant la colline
Pour y planter la Croix au plus haut de la ville,
Lieu même, où, tous les ans, au jour de Fête-Dieu,
Le Roi d'Eucharistie avec amour et feu,
Bénit le peuple ! et vient purifier la terre
Où l'hérésie un jour, levant sa tête altière,
Souffla sur la cité son funeste poison.
Ce tertre, désormais, grâce à la Mission,
Sur ses flancs portera l'arbre de foi, de vie,
Et d'immortalité. La Croix, l'Eucharistie,
La Croix, signe sacré de la Rédemption,
L'Eucharistie, un pur et magnifique don ;
L'homme élevé jusqu'à la hauteur de Dieu même,
En recevant le corps, le sang, l'esprit suprême !

De cette Mission, notre illustre Pasteur
Fut l'inspirateur, l'âme, et le puissant moteur !

A sa voix accourus trente missionnaires
Ont prêché notre ville et versé leurs lumières
Dans les cœurs attentifs. Pasteur, prêtres de Dieu,

Secondent leurs efforts ! brûlent du même feu,
Et dans un même esprit de foi, d'ardeur bénie,
S'activent à l'envi. — L'image de Marie,
Dame du Bon-Secours, vierge aux doux yeux d'azur,
Le diadème au front, de son trône d'azur
Préside à leurs travaux.

      Des docteurs pleins de flammes
La fervente parole a pénétré les âmes,
Gagné les endurcis, tiré de la torpeur
Les cœurs en lourd sommeil, au pied du Dieu Sauveur
Les met tous en ce jour !

      Ah ! qu'il est magnifique
Ce spectacle émouvant d'un peuple catholique
Répondant à l'appel de son Évêque cher,
Des apôtres de paix ; toute une humaine mer
Aux longs flots débordants fait ceinture au calvaire.
S'étend sur la colline et sur la plaine terre,
Les cœurs battent bien fort, et fixes sont les yeux,
Sur le point culminant et le bois radieux !

A ceux qui vont disant que la foi dans les âmes
Est morte à tout jamais, quel démenti, quels blâmes,
Leur donne ce grand jour ! comme il montre l'erreur
De l'athée insensé frappant le peuple au cœur,
Sapant la loi de Dieu pour la loi de malheur !

La Croix haute est debout ! l'œuvre puissante est faite !
Monseigneur la consacre, et pieux, l'âme en fête,
Il baise le Dieu-Christ, pour lui-même et pour tous,
Pour les apôtres saints prosternés à genoux,
Bénit ces travailleurs, ces fiers Rédemptoristes,
A la mâle éloquence, aux voix évangélistes ;
De leur riche moisson, eux rendent grâce au ciel,
A la foule pieuse, à Monseigneur Freppel,
Qui dans le temple saint, temple du Christ suprême
Rempli jusqu'à ses bords, a dit ce matin même :
Fils de saint Liguori, qu'enflamme son esprit,
Vaillants soldats du Christ, merci d'avoir écrit
La page la plus douce et la plus consolante
De mon Épiscopat !.

            Quelle chose éclatante,
Quel triomphe, en effet, pour l'Eglise et pour Lui
Est cette Mission ! Pour l'Eglise aujourd'hui
Par les vents secouée et les flots noirs battue,
Mais qui reste d'airain, l'âme au ciel suspendue,...
Roc et chêne à la fois ! Pour lui Pasteur zélé,
Nautonnier soucieux qui dans ce temps voilé,
Temps d'orages grondants, aveuglants, pleins de doutes.
Place les phares haut pour éclairer les routes ;
Celles du monde entier ! monde chrétien, puissant,
Qui bénit son ardeur, et le proclame grand !
Prince au divin génie ; et Pontife éminent !

L'œuvre puissante est faite ! et dominant la ville
La Croix, ayant au cœur la lance lâche et vile,

Etend ses bras sacrés en signe de pardon,
D'abri, d'espoir, d'amour, de bénédiction,
          Sur la cité chrétienne !
Et le peuple de Dieu, sa voix est souveraine,
Fait retentir les airs de cris, vivats joyeux,
Elans divins, encens de son cœur radieux ;
Encens à Dieu porté par l'ange de lumières !
Vive Jésus, Marie, et les Missionnaires,
Vive Notre Saint-Père et vive Monseigneur !

Profondément ému, notre Auguste Pasteur
Élève encore la voix... voix vibrante, éloquente ;
Sa bénédiction, sa parole puissante,
Vont couronner la fête ! Il résume à grands traits
De cette mission les souverains bienfaits,
L'effet miraculeux, la majesté suprême
Laissant l'âme sans voix, la sienne en a quand même !
— A m'en faire l'écho, bien souvent ici j'aime. —
          Il dit : O sainte Mission
Orgueil des cœurs pieux, manifestation
De grandeur et de foi vraiment incomparable ;
Tu confonds les esprits, ta date ineffaçable
Est gravée en nos cœurs, et ta Croix, ce fanal,
A jamais restera le doux mémorial,
Le souvenir puissant d'une des grandes choses
Accomplie en Angers dans ce siècle !
                              Et roses
Aussitôt, myrtes et lys s'envolent à la Croix !
Lancés par mille mains, mille cœurs à la fois,
Lui font tapis vermeil ; et chaque fleur pieuse
Mêle son encens pur à la voix glorieuse

De l'illustre Pasteur, qui bénit son troupeau ;
Le peuple électrisé l'acclame de nouveau !
L'œuvre est faite ! et le jour resplendissant s'achève...
Aux soucis, aux douleurs il a fait douce trêve.
La foule, enfin, s'écoule... et le cœur plus vaillant
Regagne ses foyers, où le combat l'attend !
Désormais, elle a force ! aux jours de sombre épreuve,
Où le cœur saigne et crie, où l'âme se sent veuve,
Elle reviendra là, dans l'amour, l'abandon
Prier à deux genoux, la Croix de Mission.

      En ce jour de victoire,
De divine joie, aux Missionnaires gloire !
Féconde est leur semence, ils ont bien mérité.
A notre ville honneur ! gloire à sa piété !
Donnant un grand exemple à sa chère Patrie !
Lui montrant dans sa route, avec ardeur suivie
Des trésors infinis, de vrais soleils de vie,
La liberté, le ciel !
         Honneur à Monseigneur
De son troupeau si cher, le vigilant Pasteur,
Et de la chrétienté le plus grand défenseur !

Gloire à Marie, au Christ ! salut Croix adorée,
      D'épines couronnée !

O *Crux ave*, salut ! salut, reste toujours
Debout sur la hauteur ! veille là nuits et jours
Sur la cité d'Angers. Croix d'amour, de prière,
Arbre arrosé du ciel et fécondant la terre,
Il nous faut tes fruits d'or, ton ombre et ta lumière.

CAMILLE DE LYS.

Abbaye-aux-Bois, Avril, Paris 1891.

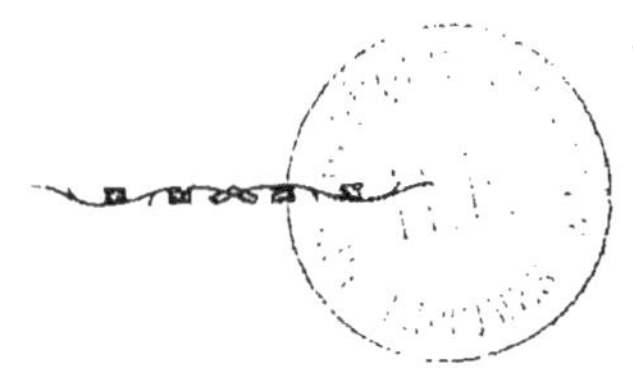

ANGERS, IMPRIMERIE LACHÈSE ET DOLBEAU.

ANGERS, IMPRIMERIE LACHÈSE ET DOLBEAU